Beginners

Doc: Beginner **Ver:** 20200418 **Copyright 2020, ShareLingo**

© 2020 James Archer

All rights reserved. No part of this publication may be reproduced, distributed or transmitted in any form or by any means, including photocopying, recording or other electronic or mechanical methods, without the prior written permission of the publisher, except in the case of brief quotations embodied in reviews and certain other non-commercial uses permitted by copyright law.

www.ShareLingo.com/LessonBooks

About ShareLingo's Mission

The ShareLingo Project is a social enterprise based in Denver Colorado that specifically focuses on helping English and Spanish speakers meet and practice with each other. We will work with other languages "some day". The larger goal is to break down tension and barriers – to promote the idea that we can all live and work side-by-side regardless of race, religion, gender, sexuality, country of origin, or any other factor.

For more information about The ShareLingo Project's mission and goals, please order a copy of *Beyond Words* by ShareLingo's founder James Archer. All profits will help organizations that support and encourage diversity and inclusion.

Beyond Words was ranked #1 on Amazon in the category of Sociology of Race Relations and can help schools, hospitals, institutions, businesses, churches and our community in general.

http://bit.ly/ArcherBooks

Scan this code

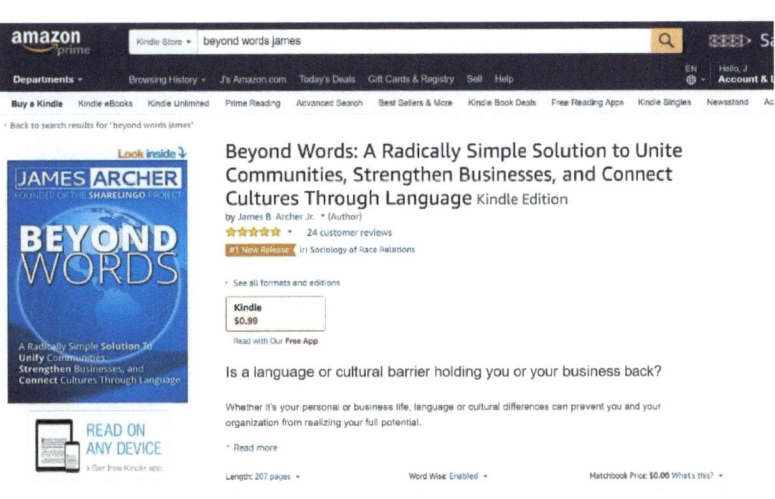

BIENVENIDO A SHARELINGO!

I don't take it lightly that you've invested in this program. And I can assure you that our team has been working nonstop to make this a world-class experience for you.

That's why I'm excited for you. This investment in ShareLingo marks the beginning of YOUR journey. So take comfort in that you are exactly where you need to be and you're surrounded by an absolutely incredible group of people who will support you to the end of that journey.

Now one thing you'll notice about ShareLingo is that we are very "hands on". Meaning, we are fully committed to your success and that means we are hyper engaged in all aspects of the course delivery. I tell you that because what you'll get from this experience is equal to what you put in.

Even more, you're now tapping into a community full of wisdom and insights as it relates to finally being able to speak Spanish with CONFIDENCE. That's why I encourage you to get to know the rest of the ShareLingo family. They are incredible and the communities they are working with are incredible too.

So welcome my friend. It's going to be a blast and I'm so looking forward to supporting you through this amazing experience.

Saludos,

James Archer

BIENVENIDO A SHARELINGO!

No tomo a la ligera que hayas invertido en este programa. Y puedo asegurarte que nuestro equipo ha estado trabajando sin parar para hacer de esto una experiencia de primera clase para usted.

Es por eso que estoy emocionado por ti. Esta inversión en ShareLingo marca el comienzo de TU viaje. Así que siéntete cómodo porque estás exactamente donde necesitas estar y estás rodeado por un grupo absolutamente increíble de personas que te apoyarán hasta el final de este viaje.

Ahora, una cosa que notarás sobre ShareLingo es que somos muy "prácticos". Es decir, estamos totalmente comprometidos con tu éxito y eso significa que estamos muy comprometidos con todos los aspectos de la entrega del curso. Te lo digo porque lo que obtienes de esta experiencia es igual a lo que pones.

Aún más, ahora estás aprovechando una comunidad llena de sabiduría y conocimientos en lo que respecta a finalmente poder hablar inglés con CONFIANZA. Es por eso que te animo a que conozcas al resto de la familia ShareLingo. Son increíbles y las comunidades con las que trabajan son increíbles también.

Así que bienvenido mi amig@. Va a ser una maravilla y estoy ansioso por apoyarte en esta increíble experiencia.

Saludos,

James Archer

WELCOME TO SHARELINGO
BIENVENIDO(A) A   SHARELINGO

The ShareLingo Project was developed to help people PRACTICE together.

For many people learning Spanish, the biggest barrier is not vocabulary or grammar… The biggest barrier is confidence speaking. And that means they just need more practice – with native speakers. Well, native Spanish speakers who want to speak English are in the same boat. They need confidence speaking too.

While the bilingual lessons in this book can certainly be used "stand alone", they were created as part of *The Spanish Success Path* course and membership developed by The ShareLingo Project.

ShareLingo developed and teaches a simple 4-part METHOD for English and Spanish speakers to use to practice together. This method ensures that both parties are getting "equal time" and that they can progress rapidly.

There are thousands of options for learning vocabulary and grammar – but what use are they if you still don't have any confidence speaking with native Spanish speakers?

If you would like more information about The ShareLingo Project, The Spanish Success Path, or the ShareLingo Method, please visit this link: www.iShareLingo.com

---

El proyecto ShareLingo fue desarrollado para ayudar a las personas a practicar juntos.

Para muchas personas que aprenden inglés, la barrera más grande no es el vocabulario o la gramática... La barrera más grande es hablar con confianza. Y eso significa que solo necesitan más práctica, con hablantes nativos. Bueno, los hablantes nativos de inglés que quieren hablar español están en el mismo barco. Necesitan confianza hablando también.

Si bien las lecciones bilingües en este libro pueden ser utilizadas "de manera independiente", se crearon como parte del curso y la membresía de El *Camino del Éxito de inglés* desarrollado por El Proyecto ShareLingo.

ShareLingo desarrolló y enseña un MÉTODO simple de 4 partes para que los hablantes de inglés y español lo usen para practicar juntos. Este método garantiza que ambas partes obtengan "el mismo tiempo" y que puedan progresar rápidamente.

Hay miles de opciones para aprender vocabulario y gramática, pero ¿de qué sirven si todavía no tienes confianza para hablar con hablantes nativos de inglés?

Si desea obtener más información sobre The ShareLingo Project, El *Camino del Éxito de inglés*, o El Proyecto ShareLingo, visite este enlace: www.iShareLingo.com/espanol

WELCOME TO SHARELINGO
BIENVENIDO(A) A SHARELINGO

Course Description: ShareLingo was designed to help you improve your communication skills in your target language through different activities, such as personalized discussions, videos, readings, online exercises, etc.

We will help you:

- Understand your motivation for learning Spanish
- Find a Native Spanish speaker who you can practice with.
- Learn how to practice efficiently and effectively
- Enjoy the process

Things to remember:

- **We all have the ability to learn a new language.** If you can learn a new word in English, you can learn a new word in Spanish. It is the same part of the brain.

- To speak a new language, you need two things – foundation and practice.
- Foundation gives you the Vocabulary and Grammar. You can learn that "Good Morning" is "Buenos Dias".
- There are hundreds of places to build vocabulary and grammar. Classes, Online (like DuoLingo),

Descripción del curso: ShareLingo fue diseñado para ayudarle a mejorar sus competencias comunicativas en otro idioma, a través del desarrollo de diferentes actividades como discusiones personalizadas, videos, lecturas, ejercicios en línea, etc.

Le ayudaremos:

- Comprender su motivación para aprender español
- Encuentra un hablante nativo de inglés con quien puedes practicar
- Aprenda a practicar de manera eficiente y eficaz
- Disfruta del proceso

Cosas para recordar:

- **Todos tenemos la posibilidad y habilidad para aprender un nuevo idioma.** Si puedes aprender una nueva palabra en español, puedes aprender una nueva palabra en inglés. Es la misma parte del cerebro.

- Para hablar un nuevo idioma, necesita dos cosas: las bases fundamentales y la práctica.
- Las bases fundamentales te dan el vocabulario y la gramática. Puede aprender que "Buenos Días" es "Good Morning".
- Hay cientos de lugares para construir vocabulario y gramática. Clases, en línea (como DuoLingo),

WELCOME TO SHARELINGO

BIENVENIDO(A) A SHARELINGO

CDs, Rosetta Stone, etc. Great. Do those. Begin!

- But if you want to speak with confidence to a real person – you have to PRACTICE with a real person. You won't have confidence saying "Buenos días" to someone until you have done it.

- Approaching someone to "test" your language skills can be scary, and is the one thing that holds the most people back. But unless you can practice, you are destined to fail. Remember high school?

- This is not just with language! Suppose you want to learn to play tennis. To really play, you have to practice with a PERSON.

- ShareLingo is the place to PRACTICE Spanish with a real person.

- Practice involves both LISTENING and SPEAKING.

- This program is different than any language program you have tried before.

- This program will teach you how to practice both listening and speaking with your partner.

- It will also teach you how to FIND people to practice with you!

CD's, Rosetta Stone, etc. Genial. Haz esos. ¡Comienza!

- Pero si quiere hablar con confianza a una persona real, tiene que PRACTICAR con una persona real. No tendrá confianza diciendo "Good Morning" a alguien hasta que lo haya hecho.

- Acercarse a alguien para "probar" sus habilidades de lenguaje puede ser aterrador, y es la única cosa que retiene a la mayoría de la gente. Pero a menos que pueda practicar, está destinado a fallar. ¿Recuerda la secundaria?

- ¡Esto no es sólo con el lenguaje! Supongamos que quiere aprender a jugar al tenis. Para jugar realmente, tiene que practicar con una PERSONA.

- ShareLingo es el lugar para PRACTICAR el inglés con una persona real.

- La práctica implica tanto ESCUCHAR y HABLAR.

- Este programa es diferente de cualquier programa de idioma que haya probado antes.

- Este programa le enseñará a practicar, tanto como a escuchar y a hablar con su compañero.

- ¡También le enseñará a ENCONTRAR personas a practicar con usted!

WELCOME TO SHARELINGO

BIENVENIDO(A) A SHARELINGO

For your safety	Para su seguridad
THE SHARELINGO PROJECT encourages people from all walks of life to exchange their languages and cultures with other people.	**El PROYECTO SHARELINGO** anima a gente de todos los ámbitos de la vida a intercambiar su idioma y cultura con otras personas.
While ShareLingo encourages daily interaction between participants, it is important for your safety that you only meet with other participants in a safe and public location.	Si bien ShareLingo recomienda la interacción diaria entre los participantes, es importante para su seguridad que sólo se presente con otros participantes en una locación segura y pública.
Whenever you meet with a practice partner, remember that you do so at your own risk, and be careful.	**Siempre que se reúna con un compañero de práctica, recuerde que lo hace bajo su propio riesgo, y tenga cuidado.**

WELCOME TO SHARELINGO
BIENVENIDO(A) A SHARELINGO

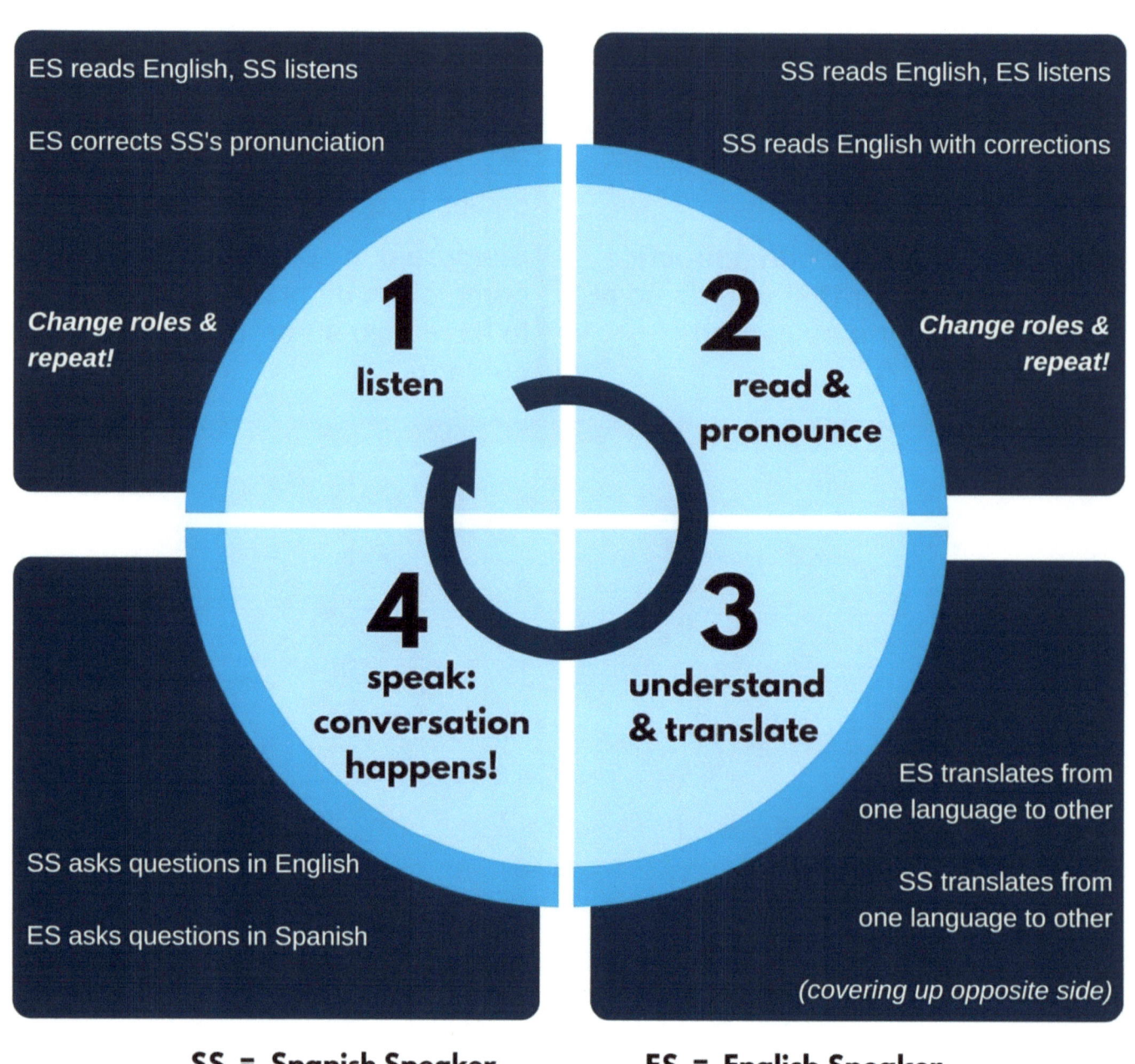

WELCOME TO SHARELINGO
BIENVENIDO(A) A SHARELINGO

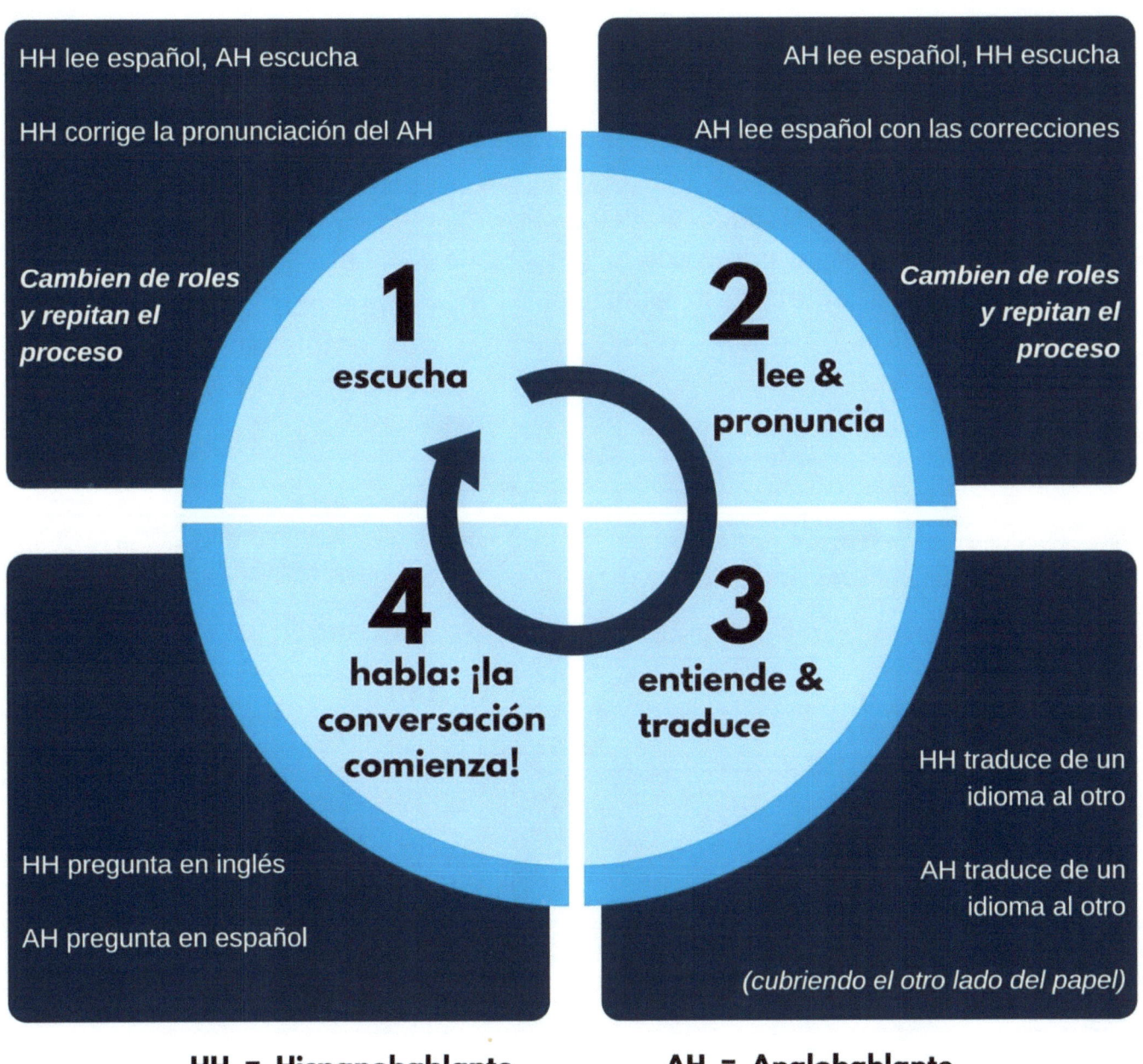

LESSON 1: ALPHABET
LECCION 1: ABECEDARIO

Lesson Objective

Learning the alphabet

Objetivo de la lección

Aprender el abecedario

ALPHABET

1. Read each letter for your partner. Teach him/her to pronounce them.
2. Once you have finished, work with your partner to write down common words that start with each letter and have the same sound.

ABECEDARIO

1. Lee cada una de las letras para tu compañero. Enséñale a él/ella cómo pronunciarla.
2. Una vez que hayan terminado, trabaja con tu compañero escribiendo palabras comunes que empiezan con cada letra y esta letra tiene el mismo sonido.

SPANISH

Letter	Example
A (ah)	
B (Bay)	
C (Say)	
D (Day)	
E (Ey)	
F (Eh-fay)	
G (Hay)	
H (Ah chay)	

INGLÉS

Letra	Ejemplo
A (ei)	
B (Bi)	
C (Si)	
D (Di)	
E (i)	
F (Ef)	
G (Yi)	
H (eich)	

LESSON 1: ALPHABET
LECCION 1: ABECEDARIO

SPANISH		INGLÉS	
I (Eee)		I (ai)	
J (Hoh-tah)		J (yei)	
K (Kah)		K (Kei)	
L (Eh-lay)		L (el)	
M (Eh-may)		M (Em)	
N (Eh-nay)		N (En)	
Ñ (Ehn yaay)			
O (Oh)		O (Ou)	
P (Pay)		P (Pi)	
Q (Coo)		Q (kiu)	
R (Eh-rray)		R (Ar)	
S (Eh-say)		S (Es)	
T (Tay)		T (Ti)	
U (Ooh)		U (iu)	
V (vay) (Ooh-vay)		V (vi)	
W (Doh-baly ooh/ Doh-blay Vay)		W (daabl-iu)	
X Eh-kees		X (Eks)	
Y (Yay)		Y (Ui)	
Z Say-ta		Z (Ziii)	

LESSON 1: ALPHABET
LECCION 1: ABECEDARIO

CLASS ACTIVITIE

1. Spell your name in Spanish for your partner. He/she will write down what you say. Correct yourself as many times as you need to get it right. Always repeat after your partner when corrected.
2. Now do the same thing and spell your email address to your partner.
3. Now spell the names of the city and country where you were born.

ACTIVIDAD PARA LA CLASE

1. Deletrea tu nombre en inglés para tu compañero. Él o ella va a escribir lo que le digas. Corrige cuantas veces necesites hasta que lo digas correctamente. Siempre repite después de tu compañero cuando te corrija.
2. Ahora haz lo mismo y deletrea tu correo electrónico para tu compañero.
3. Ahora deletrea el nombre de la ciudad y el país dónde naciste.

LESSON 1: ALPHABET
LECCION 1: ABECEDARIO

English

Español

LESSON 1: ALPHABET
LECCION 1: ABECEDARIO

English

Español

LESSON 1: ALPHABET
LECCION 1: ABECEDARIO

English

Español

LESSON 1: ALPHABET
LECCION 1: ABECEDARIO

English

Español

LESSON 1: ALPHABET
LECCION 1: ABECEDARIO

English

Español

LESSON 1: ALPHABET
LECCION 1: ABECEDARIO

English

Español

LESSON 2: INTRODUCING YOURSELF
LECCION 2: PRESENTÁNDOTE

Lesson Objective

Learning different ways to introduce yourself.

Vocabulary

1. Good morning
2. My name is
3. I am from
4. Nice to meet you.
5. Nice to meet you too!
6. Welcome

Objetivo de la lección

Aprender diferentes maneras de presentarse.

Vocabulario

1. Buenos días
2. Mi nombre es
3. Yo soy de
4. ¡Mucho gusto!
5. ¡El gusto es mío!
6. Bienvenido

LESSON 2: INTRODUCING YOURSELF
LECCION 2: PRESENTÁNDOTE

INTRODUCING YOURSELF
CONVERSATION ONE

Laura: Good morning
Zack: Hello
Laura: Hi
Zack: Nice to meet you.
Laura: My name is _____.
Zack: What is your name?
Laura: Hi, my name is _____.
Zack: Nice to meet you too.

Laura: Do you speak English?
Zack: I am learning
Laura: How are you?
Zack: I'm fine, thank you, and you?
Laura: I am doing fine.
Zack: Where are you from?
Laura: I am from _____.
Zack: What do you do?
Laura: I am a student/I am a teacher/ I work in construction/ I am a housewife, (other).

Zack: Where do you live?
Laura: I live in _____
Zack: How old are you?
Laura: I am _____ years old.
Zack: Ok, thank you!
Laura: I am afraid I have to go.
Zack: See you soon.
Laura: Bye
Zack: See you latter

PRESENTÁNDOTE
CONVERSACIÓN UNO

Laura: Buenos días.
Zack: Hola
Laura: Hola
Zack: Mucho gusto.
Laura: Mi nombre es _____.
Zack: ¿Cuál es tu nombre?
Laura: Hola, mi nombre es _____.
Zack: Mucho gusto en conocerte/ el gusto es mio.
Laura: ¿Hablas español?
Zack: Estoy aprendiendo
Laura: ¿Cómo estás?
Zack: Bien, gracias. ¿Y tú?
Laura: Estoy bien.
Zack: ¿De dónde eres?
Laura: Yo soy de _____
Zack: ¿A qué te dedicas?
Laura: Yo soy estudiante/ Yo soy maestro/ Yo trabajo en construcción/ Yo soy ama de casa, (otros).
Zack: ¿Dónde vives?
Laura: Vivo en _____
Zack: ¿Cuántos años tienes?
Laura: Yo tengo _____ años.
Zack: Bueno, gracias.
Laura: Lo lamento, me tengo que ir.
Zack: Nos vemos pronto.
Laura: Adiós.
Zack: Hasta luego.

LESSON 2: INTRODUCING YOURSELF
LECCION 2: PRESENTÁNDOTE

Tips for life

"Things happen when you meet strangers."
Anonymous

HOMEWORK

1. Practice each phrase in front of a mirror.
2. Bring in at least three more different greetings, and answers

Claves para la vida

"Cosas pasan cuando conoces nuevas personas".
Anónimo

Tips for life

1. Practica frente al espejo cada una de las oraciones.
2. Trae a clase por lo menos tres formas diferentes de saludar, despedirse y responder.

LESSON 2: INTRODUCING YOURSELF
LECCION 2: PRESENTÁNDOTE

English

Español

LESSON 2: INTRODUCING YOURSELF
LECCION 2: PRESENTÁNDOTE

English

Español

LESSON 2: INTRODUCING YOURSELF
LECCION 2: PRESENTÁNDOTE

English

Español

LESSON 2: INTRODUCING YOURSELF
LECCION 2: PRESENTÁNDOTE

English

Español

LESSON 2: INTRODUCING YOURSELF
LECCION 2: PRESENTÁNDOTE

English	Español

LESSON 2: INTRODUCING YOURSELF
LECCION 2: PRESENTÁNDOTE

English

Español

LESSON 3: NUMBERS
LECCION 3: NÚMEROS

Lesson Objective

Teaching numbers

NUMBERS

- Read each number for your partner. Teach him/her to pronounce them.
- There are many sounds that we don't have in our native language, that's why it is very important to practice with a partner.

Number	Pronunciation
0 - Zero	Zeer-ro
1 - One	Uan
2 - Two	Tuu
3 – Three	Drii Practice TH
4 – Four	For
5 – Five	Faif
6 – Six	Siks
7 – Seven	Sev-en
8 – Eight	Eigdt
9 – Nine	nain
10 - Ten	ten
11- Eleven	ileven

Objetivo de la lección

Enseñar los números

NÚMEROS

- Lee cada una de las letras para tu compañero. Enséñale a él/ella cómo pronunciarla.
- Hay muchos sonidos que no tenemos en nuestro idioma nativo, por eso es muy importante practicar con alguien.

Numero	Pronunciación
0 – Cero	Say-ro
1 – Uno	Oo - no
2 – Dos	Dose
3- Tres	Trase
4 – Cuatro	Kuat-ro
5 – Cinco	Sink – o
6- Seis	Sayce
7 - Siete	See-yet-eh
8 – Ocho	OH-choe
9 - Nueve	New-eh-veh
10 - Diez	Dee-ace
11- Once	Ohn-say

LESSON 3: NUMBERS
LECCION 3: NÚMEROS

NUMBERS

12 – Twelve	Tuelf Practice V	
13 – Thirteen	Tdirt-iin	
14 – Fourteen	Fort iin	
15 – Fifteen	Fif-tiin	
16 – Sixteen	Siks-tiin	
17 – Seventeen	Sev-en-tiin	
18 – Eighteen	Eig-tiin	
19 – Nineteen	Nain-tiin	
20 – Twenty	Tuen tii	
21 – Twenty-one	Tuentii uan	
30 – Thirty	Tdir-tii	
40 – Forty	For tii	
50 – Fifty	Fif tii	
60 – Sixty	Siks tii	
70 – Seventy	Sev en tii	
80 – Eighty	Eig-tii	
90 – Ninety	Nain tii	
100 – One hundred	Uan jun dred	

NUMBERS

12 - Doce	Dose-ay
13 - Trece	Treh-se
14 - Catorce	Ca-tor-say
15 - Quince	Keen – say
16 – Dieciséis	Dee
17 – dieisiete	Dee-ay-see-see-ay-tay
18 – Dieciocho	Deeay-see-och-o
19 – Diecinueve	Dee-ay-see-new-eh-veh
20 – Veinte	Veh-een-tee
21 – Veintiuno	Veh-een-tee-oo-no
30 – Treinta	Treh-een-tah
40 – Cuarenta	Kwar-EN-tah
50 – Cincuenta	Sink-kwen-tah
60 – Sesenta	Seh-SEHN-Tah
70 – Setenta	Seh-TEN-tah
80 – Ochenta	Oh-chen-Tah
90 – Noventa	No-Ven -Tah
100 – Cien	See-en

LESSON 3: NUMBERS
LECCION 3: NÚMEROS

CLASS ACTIVITY

1. Say your phone number in Spanish for your partner. He/she will write down what you say. He/she will correct you. Repeat as many times as you need to get it right. Always repeat after your partner when corrected.

2. Come up with an imaginary bank account number (16 numbers). Repeat exercise one with this number.

3. Now do the same exercise with your address – combining both numbers and names.

ACTIVIDAD PARA LA CLASE

1. Dile a tu compañero tu número de teléfono en inglés. Él o ella va a escribir lo que le digas. Él o ella te va a corregir. Repite cuantas veces necesites hasta que lo hagas correctamente. Siempre repite después de tu compañero cuando te corrija.

2. Invéntate una cuenta de banco imaginaria (16 números). Repite el ejercicio del punto uno con estos números.

3. Ahora haz e mismo ejercicio con tu dirección - combinando ambos, números y nombres

LESSON 3: NUMBERS
LECCION 3: NÚMEROS

English

Español

LESSON 3: NUMBERS
LECCION 3: NÚMEROS

English

Español

LESSON 3: NUMBERS
LECCION 3: NÚMEROS

English

Español

LESSON 3: NUMBERS
LECCION 3: NÚMEROS

English

Español

LESSON 3: NUMBERS
LECCION 3: NÚMEROS

English

Español

LESSON 3: NUMBERS
LECCION 3: NÚMEROS

English	Español

LESSON 4: DAYS OF THE WEEK/MONTHS
LECCION 4: DIAS DE LA SEMANA/MESES

Lesson Objective

Teaching the days of the week

Objetivo de la lección

Enseñar los días de la semana

DAYS OF THE WEEK/MONTHS

- Read the days of the week and months for your partner. Teach him/her to pronounce them.
- There are many sounds that we don't have in our native language, that's why it is very important to practice with a partner.

Day of the week	Pronunciation
Monday	Mondei
Tuesday	Tiusdai
Wednesday	Wednsdai
Thursday	Tduursdai
Friday	Fraidai
Saturday	Saturdai
Sunday	Sonday

DIAS DE LA SEMANA/MESES

- Lee cada uno de los días de la semana y meses para tu compañero. Enséñale a él/ella cómo pronunciarla.
- Hay muchos sonidos que no tenemos en nuestro idioma nativo, por eso es muy importante practicar con alguien.

Día de la semana	Pronunciación
lunes	Looh-nayss
martes	Mahr-tayss
miércoles	Mee-air-coh-layss
jueves	Whay-vayss
viernes	Vee-air-nayss
sábado	Sah-bah-doh
domingo	Doh-meen-goh

LESSON 4: DAYS OF THE WEEK/MONTHS
LECCION 4: DIAS DE LA SEMANA/MESES

Months / Meses

Months	Pronunciation	Meses	Pronunciation
January	Yanuari	enero	Eh-neh-ro
February	Feb iu eri	febrero	Feh-breh-ro
March	March	marzo	Mar-so
April	Aip ril	abril	Ah-bril
May	Mai	mayo	May-o
June	Yun	junio	Hoo-nio
July	Yul ai	julio	Hoo-lio
August	aog ost	agosto	Ah-go-sto
September	Sep tem ber	septiembre	Sep-tee-yem-bray
October	Aoc to ber	octubre	Ok-too-brey
November	No vem ber	noviembre	no-vee-yem-bray
December	Dic em ber	diciembre	Dee-cee-yem-bray

Today	Tu dei	Hoy	Oy
Yesterday	Ies ter dei	Ayer	eye-yair
Tomorrow	Tu mar ow	Mañana	Mahn-yah-nah
This week	THis wik	Esta semana	Ehs-tah Say-mah-nah
Last week	Last wik	La semana pasada	Lah say-mah-nah pa-Sah-da
Next week	Nekst wik	La semana que viene	Lah say-mah-nah kay vee-ayn-ay

Doc: Beginner   Version: 20200418

LESSON 4: DAYS OF THE WEEK/MONTHS
LECCION 4: DIAS DE LA SEMANA/MESES

CLASS ACTIVITIE

1. My name is _____
2. I was born on the _____ of _____ 19__
3. L_____ w_____ I went to the park to play soccer.
4. On _____ I am going to start school.
5. I got married on _____ _____ _____.
6. My favorite month is _____
7. My favorite day of the week is _____
8. We bought our home on the _____ _____ of _____
9. Christmas is on _____ the _____
10. We commemorate the independence of the United States the _____ of

ACTIVIDAD PARA LA CLASE

1. Mi nombre es _____
2. Nací el _____ de _____ de 19_____
3. La s_____ p_____ fui al parque a jugar futbol.
4. El _____ voy a empezar la escuela.
5. Me casé el _____ de _____ de _____.
6. Mi mes favorito es _____
7. Mi día favorito de la semana es _____.
8. Compramos nuestra casa el _____ de _____ de _____.
9. Navidad es el _____ de _____
10. Conmemoramos la independencia de los Estados Unidos el _____ de

LESSON 4: DAYS OF THE WEEK/MONTHS
LECCION 4: DIAS DE LA SEMANA/MESES

English

Español

LESSON 4: DAYS OF THE WEEK/MONTHS
LECCION 4: DIAS DE LA SEMANA/MESES

English

Español

LESSON 4: DAYS OF THE WEEK/MONTHS
LECCION 4: DIAS DE LA SEMANA/MESES

English

Español

LESSON 4: DAYS OF THE WEEK/MONTHS
LECCION 4: DIAS DE LA SEMANA/MESES

English

Español

LESSON 4: DAYS OF THE WEEK/MONTHS
LECCION 4: DIAS DE LA SEMANA/MESES

English **Español**

LESSON 4: DAYS OF THE WEEK/MONTHS
LECCION 4: DIAS DE LA SEMANA/MESES

English

Español

LESSON 5: BODYPARTS
LECCION 5: PARTES DEL CUERPO

Lesson Objective

Learning body parts

Objetivo de la lección

Aprender las partes del cuerpo

BODYPARTS

- Read the body parts for your partner. Teach him/her to pronounce them.

(jed) Head
(jer) Hair
(fais) Face
(forjed) Forehead
(aibrows) Eyebrow
(ailashes) Eyelashes
(ai) Eye
(nous) Nose
(Lip) Lip
(maud) Mouth
(chik) cheek
(iar) Ear
Tooth (Singular)- Teeth (plural)
(tong) Tongue
(ya) Jaw
(nek) Neck
(Chest) Chest
(shoulder) Shoulder
(Arm) Arm
(Elbou) Elbow
(Rist) Wrist
(jand) Hand
(finguers) Fingers
(Leg) Leg
(shins) Shins
(ankl) Ankle
(fot) Foot
(tous) Toes

PARTES DEL CUERPO

- Lee las partes del cuerpo para tu compañero/a. Enséñale cómo pronunciarlas

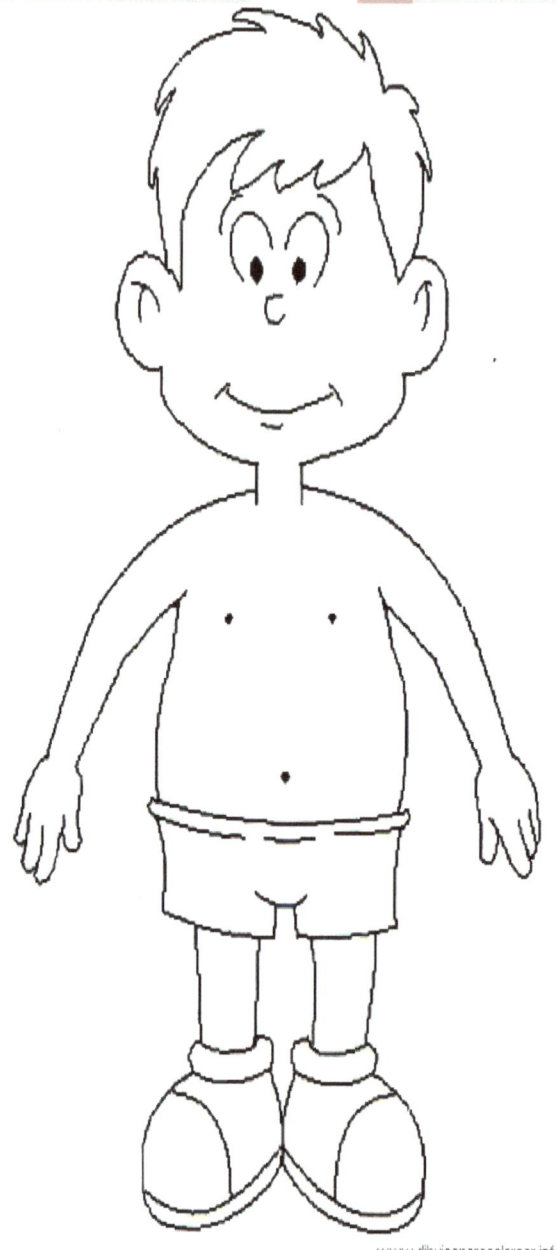

Cabeza (ca-beh-sa)
Cabello (kah-beh-yo)
Cara (cah-ra)
Frente (frenn-the)
Ceja (ceh-hah)
Pestañas (pes-taah-nya)
Ojo (Oh-jo)
Nariz (Nah-rees)
Labio
Boca (boh-ka)
Cachete (cah-cheh-the)
Oreja (Oh-reh-ha)
Diente (dee-enn-te)
Dientes (dee-enn-tess)
Lengua (Lenn-goo-ah)
Quijada (kee-hah-dah)
Cuello (kweh-yo)
Pecho (Peh-choh)
Hombro (ohm-broh)
Brazo (Brah-soh)
Codo (coh-doh)
Muñeca (moo-Gne-kah)
Mano (Mah-noh)
Dedos (Deh-dohs)
Pierna (pee-er-nah)
Pantorrilla (pan-tor-eejas)
Tobillo (toh-bee-jo)
Pie (pee-eh)
Dedos de los pies (dedoss de loss pee-yes)

LESSON 5: BODYPARTS
LECCION 5: PARTES DEL CUERPO

CLASS ACTIVITIE

1. As you learn each one of the parts, please draw a line from the word to the body part.
2. Add other body parts and ask your partner about the name in your target language.
3. Ask your partner to show you each one of the random body parts that you are saying.
4. Complete the flowing sentences:
   - My _____ hurts.
   - My _____ is sore.
   - I have _____ ache.
   - I have _____ ache.
   - I broke my _____.
   - I broke my _____.

CLASS ACTIVITIE

1. As you learn each one of the parts, please draw a line from the word to the body part.
2. Add other body parts and ask your partner about the name in your target language.
3. Ask your partner to show you each one of the random body parts that you are saying.
4. Complete the flowing sentences:
   - My _____ hurts.
   - My _____ is sore.
   - I have _____ ache.
   - I have _____ ache.
   - I broke my _____.
   - I broke my _____.

LESSON 5: BODYPARTS
LECCION 5: PARTES DEL CUERPO

English

Español

LESSON 5: BODYPARTS
LECCION 5: PARTES DEL CUERPO

English

Español

LESSON 5: BODYPARTS
LECCION 5: PARTES DEL CUERPO

English

Español

LESSON 5: BODYPARTS
LECCION 5: PARTES DEL CUERPO

English

Español

LESSON 5: BODYPARTS
LECCION 5: PARTES DEL CUERPO

English

Español

LESSON 5: BODYPARTS
LECCION 5: PARTES DEL CUERPO

English

Español

LESSON 6: FEELINGS AND EMOTIONS
LECCION 6: SENTIMIENTOS Y EMOCIONES

Lesson Objective

Learning to express feelings

Objetivo de la lección

Aprender cómo expresar sentimientos

FEELINGS AND EMOTIONS

- Read the feelings and emotions for your partner. Teach him/her to pronounce them.

SENTIMIENTOS Y EMOCIONES

- Lee los sentimientos y emociones para tu compañero y enséñale a pronunciarlos.

English		Español
Happiness	😊	Felicidad
Happy		Feliz
Fear	😨	Miedo
Scared		Asustado
Sadness	😢	Tristeza
Sad		Triste
Anger	😠	Enojo
Angry		Enojado
Jealousy	😒	Celos
Jealous		Celoso
Pride	😌	Orgullo
Proud		Orgulloso
Tiredness	😫	Cansancio
Tired		Cansado

LESSON 6: FEELINGS AND EMOTIONS
LECCIÓN 6: SENTIMIENTOS Y EMOCIONES

Excitement	Emoción
Excited	Emocionado
Pain	Dolor
Hurt	Lastimado
Upset	Irritación
Upset	Irritado
Frustration	Frustración
Frustrated	Frustrado
Pleasure	Placer
Pleased	Complacido
Confusion	Confusión
Confused	Confundido
Surprise	Sorpresa
Surprised	Sorprendido
Concern	Preocupación
Concerned	Preocupado
Shame	Verguenza
Ashamed	Avergonzado

LESSON 6: FEELINGS AND EMOTIONS
LECCION 6: SENTIMIENTOS Y EMOCIONES

CLASS ACTIVITIE

1. Make faces to express feelings. Ask your partner to guess.
2. Complete the following sentences:
- After the gym, I feel _____
- It is my graduation, I feel _____
- I don't understand, I feel _____
- I am lost, I feel _____
- I have been waiting for 20 minutes, I feel _____
- I am winning, I feel _____
- My pet died, I feel

ACTIVIDAD PARA LA CLASE

1. Haz caras para expresar sentimientos. Pídele a tu compañero que adivine.
2. Completa las siguientes oraciones:
- Después del gimnasio me siento _____
- Estoy en mi graduación, me siento _____
- No entiendo, me siento _____
- Estoy perdido/a, me siento _____
- He estado esperando por 20 minutos, me siento _____
- Voy ganando, me siento _____
- Mi mascota murió, me siento

LESSON 6: FEELINGS AND EMOTIONS
LECCION 6: SENTIMIENTOS Y EMOCIONES

English

Español

LESSON 6: FEELINGS AND EMOTIONS
LECCION 6: SENTIMIENTOS Y EMOCIONES

English

Español

LESSON 6: FEELINGS AND EMOTIONS
LECCION 6: SENTIMIENTOS Y EMOCIONES

English

Español

LESSON 6: FEELINGS AND EMOTIONS
LECCION 6: SENTIMIENTOS Y EMOCIONES

English

Español

LESSON 6: FEELINGS AND EMOTIONS
LECCION 6: SENTIMIENTOS Y EMOCIONES

English

Español

LESSON 6: FEELINGS AND EMOTIONS
LECCION 6: SENTIMIENTOS Y EMOCIONES

English

Español

LESSON 7: COLORS
LECCION 7: COLORES

Lesson Objective

Learning about colors

FEELINGS AND EMOTIONS

- Read the following colors for your partner. Teach your classmate how to pronounce them.
- Answer the questions at the bottom.

Lesson Objective

Aprender los colores

SENTIMIENTOS Y EMOCIONES

- Lee los siguientes colores. Enséñale a tu compañero cómo pronunciarlos.
- Responda las preguntas al final de la página.

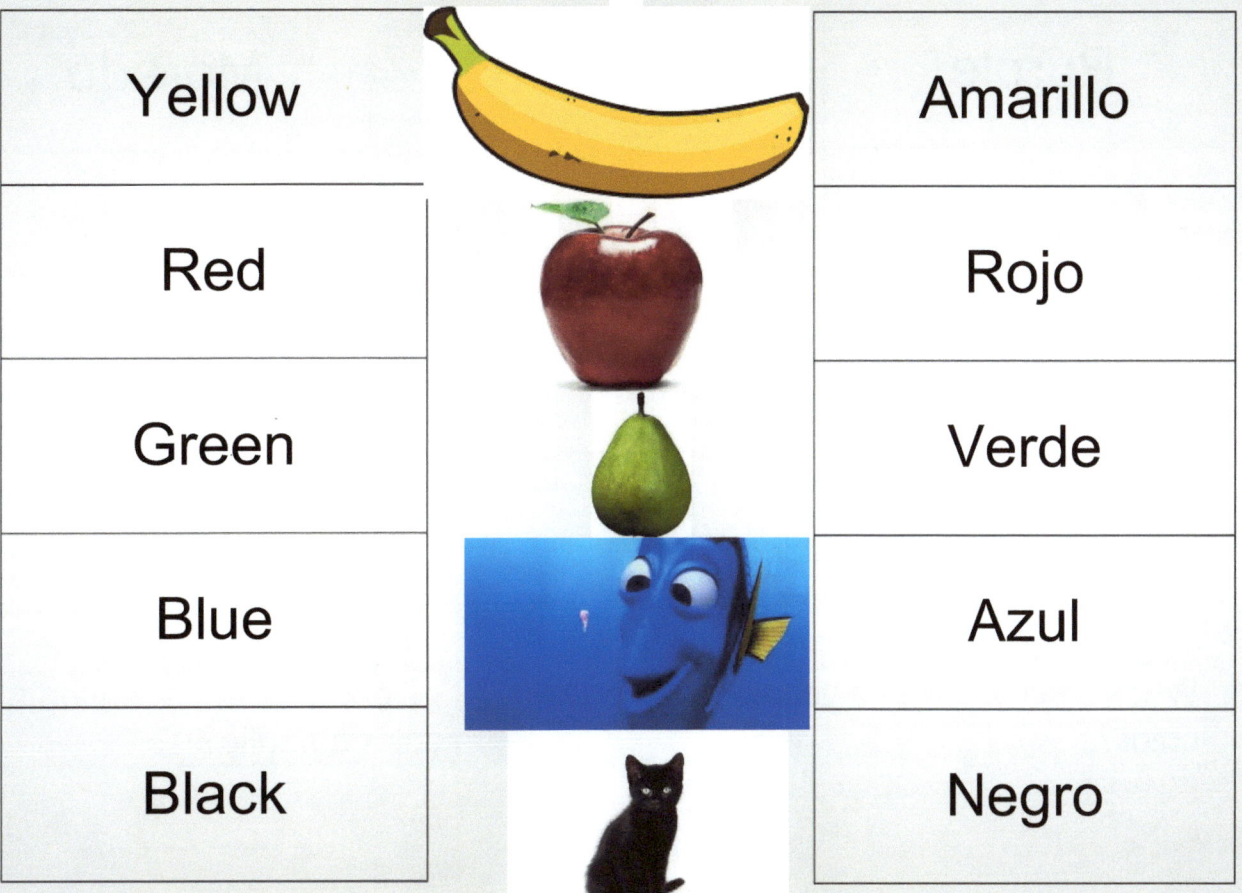

English		Español
Yellow		Amarillo
Red		Rojo
Green		Verde
Blue		Azul
Black		Negro

LESSON 7: COLORS
LECCION 7: COLORES

English		Spanish
Brown	☕	Marrón, café
Grey	▬	Gris
White		Blanco
Pink		Rosa
Purple		Morado
Orange	🍊	Naranja

Lesson Objective

What is your favorite color?	¿Cuál es tu color favorito?
Which color do you prefer _____ or _____?	¿Qué color prefieres, _____ o _____?
Where can you find a yellow color?	¿Dónde puedes encontrar el color amarillo?

LESSON 7: COLORS
LECCION 7: COLORES

CLASS ACTIVITIE

Name 5 things that are yellow:

1. _____
2. _____
3. _____
4. _____
5. _____

My classmate favorite color is _____.

The sky is _____

The rainbow colors are _____

_____ , _____

_____ , _____

_____ , _____

ACTIVIDAD PARA LA CLASE

Nombra 5 cosas que sean amarillas:

1. _____
2. _____
3. _____
4. _____
5. _____

El color favorito de mi compañero de clase es _____

El cielo es _____

Los colores del arco iris son _____

_____ , _____

_____ , _____

_____ , _____

LESSON 7: COLORS
LECCION 7: COLORES

English

Español

LESSON 7: COLORS
LECCION 7: COLORES

English

Español

LESSON 7: COLORS
LECCION 7: COLORES

English

Español

LESSON 7: COLORS
LECCION 7: COLORES

English

Español

LESSON 7: COLORS
LECCION 7: COLORES

English

Español

LESSON 7: COLORS
LECCION 7: COLORES

English

Español

LESSON 8: PRONOUNS
LECCION 8: PRONOMBRES

Lesson Objective
To learn the use of pronouns

Objetivo de la lección
Aprender a usar pronombres

English		Español
I		YO
YOU		TU
HE		ÉL
SHE		ELLA
It	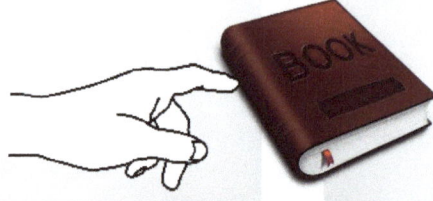	Eso/esa éste/esto/ésta
WE		NOSOTROS

LESSON 8: PRONOUNS
LECCION 8: PRONOMBRES

YOU	 	USTEDES
THEY	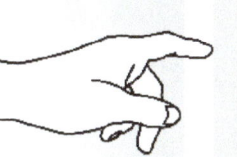 	ELLOS
	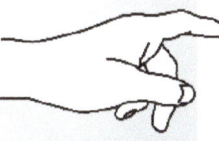 	ELLAS

LESSON 8: PRONOUNS
LECCION 8: PRONOMBRES

CLASS ACTIVITY

1. _____ am sitting on the sofa
2. _____ is walking (Lisa)
3. _____ is blue (the sky)
4. _____ are watching a movie (my mother and I)
5. _____ is riding a bike. (Tom)
6. _____ is from Chihuahua (Maria)
7. _____ are playing basketball (Juan & Angel)
8. _____ are doing her nails at the salon. (Sandy & Rosa)
9. _____ is a wonderful day today.
10. _____ is writing a book. (Leo)
11. _____ are happy (Manuel and David)
12. _____ are crying. _____ want more candy. (Sophia & Emma)
13. _____ want to go for a walk (my mom's only child)

ACTIVIDAD PARA LA CLASE

1. _____ estoy sentado en el sofá.
2. _____ está caminando (Lety)
3. _____ es azul (el cielo)
4. _____ estamos viendo una película (Mi mamá y yo).
5. _____ está montando en bicicleta (Tom).
6. _____ es de Chihuahua (María)
7. _____ están jugando basquetbol. (Juan & Angel).
8. _____ se están haciendo las uñas en el salón. (Sandy & Rosa).
9. _____ haciendo un lindo día (hoy).
10. _____ está escribiendo un libro. (Leo)
11. _____ están felices (Manuel y David)
12. _____ están llorando. _____ quieren más dulces. (Sofía y Ema)
13. _____ quiero ir a caminar.

Doc: Beginner

LESSON 8: PRONOUNS
LECCION 8: PRONOMBRES

CLASS ACTIVITY

Write down the correct pronoun for each word.

Word	Pronoun
Ann	
Peter	
Peter, Ann and I	
Peter, Ann and Max	
Emma, Ann and Mary	
Jesus, John and Luis	
I	
The book	
The library	
My sister	
My brother	

ACTIVIDAD PARA LA CLASE

Escribe el pronombre correcto para cada palabra.

Word	Pronoun
Ann	
Peter	
Peter, Ann y yo	
Peter, Ann y Max	
Emma, Ann y Mary	
Jesus, John y Luis	
Yo	
El libro	
La biblioteca	
Mi hermana	
Mi hermano	

LESSON 8: PRONOUNS
LECCION 8: PRONOMBRES

English

Español

LESSON 8: PRONOUNS
LECCION 8: PRONOMBRES

English

Español

LESSON 8: PRONOUNS
LECCION 8: PRONOMBRES

English

Español

LESSON 8: PRONOUNS
LECCION 8: PRONOMBRES

English

Español

LESSON 8: PRONOUNS
LECCION 8: PRONOMBRES

English

Español

LESSON 8: PRONOUNS
LECCION 8: PRONOMBRES

English

Español

LESSON 9: TO BE
LECCION 9: SER/ESTAR

Lesson Objective

Learning to use the **To Be** verb

Objetivo de la lección

Aprender a usar los verbos **Ser y Estar**

AFFIRMATIVE

Subject	To Be	Conjugation
I	am	I'm
You	are	You're
He/she/it	is	He's/she's/it's
We	are	We're
you	are	You're
They	are	They're

AFIRMATIVO

Sujeto	Ser	Estar
Yo	soy	Estoy
Tu / Usted	Eres / Es	Estas / Está
Él/ella ese-esa	Es	Está
Nosotros/as	somos	Estamos
Ustedes	Son	Están
Ellos Ellas	Son	Están

Examples (read for your partner and then ask them to read for you):

To Be	To Be
1. I am from Colorado. 2. You are from Juarez	1. I am tired 2. You are talking

Ejemplos (lee para tu compañero y luego pídele que lea para ti):

Ser: to describe	Estar: temporary States
1. Yo soy de Colorado 2. Tu eres de Juárez	1. Yo estoy cansado/a 2. Tú estás hablando

LESSON 9: TO BE
LECCION 9: SER/ESTAR

AFFIRMATIVE

3. You are from Chihuahua	3. You are fixing the garden
4. She is tall	4. She is sick
5. He is hard worker	5. He is mad
6. It is red	6. You are walking
7. Your are smart	7. It is dirty
8. They are drivers	8. They are cleaning the truck

AFIRMATIVO

3. Usted es de chihuahua	3. Usted está arreglando el jardín.
4. Ella es alta	4. Ella está enferma
5. Él es muy trabajador	5. Él está molesto
6. Eso es rojo	6. Ustedes están caminando
7. Ustedes son inteligentes	7. Eso está sucio.
8. Ellos son conductores	8. Ellos están limpiando la camioneta

Complete the following sentences:
1. I _____ from Salvador
2. You _____ from Texas
3. She _____ a leader.
4. He _____ sick
5. It _____ a yellow car.
6. We _____ tired
7. You _____ upset
8. They _____ driving to the mountains

Completa las siguientes oraciones:
1. Yo _____ de el Salvador
2. Tú_____ de Texas
3. Ella _____ una líder
4. Él _____ enfermo
5. Ese ____ un carro Amarillo
6. Nosotros _____ cansados
7. Ustedes _____ molestos
8. Ellos _____ manejando hacia las montañas

Doc: Beginner   Version: 20200418

LESSON 9: TO BE
LECCION 9: SER/ESTAR

INTERROGATIVE

Subject	To Be	
Am	I	?
Are	You	?
Is	He/she/it	?
Are	We	?
Are	you	?
Are	They	?

INTERROGATIVO

Sujeto	Ser	Estar	?
Yo	soy	Estoy	?
Tu	Eres	Estas	?
Usted	Es	Está	
Él/ella ese-esa	Es	Está	?
Nosotros/as	somos	Estamos	?
Ustedes	Son	Están	?
Ellos Ellas	Son	Están	?

Examples:

1. Am I working today?
2. Are you kidding?
3. Is he fixing the roof?
4. Is she cleaning the backyard?
5. Are we cleaning the snow?
6. Are you ready?
7. Are they calling off sick?

Ejemplos:

1. ¿Estoy trabajando hoy?
2. ¿Estás bromeando?
3. ¿Él está arreglando el techo?
4. ¿Ella está limpiando el patio trasero?
5. ¿estamos limpiando la nieve?
6. ¿Están listos?
7. ¿están ellos llamando porque están enfermos?

LESSON 9: TO BE
LECCION 9: SER/ESTAR

Complete the following conversation:

1. _____ you a new student?
2. Yes, I _____
3. Sonia and Robert _____ students.
4. Lauren _____ Australian.
5. My brother and I _____ from Mexico
6. The girls _____ tired.
7. These women _____ very smart.
8. The tea _____ delicious.
9. Carlos and Frederick _____ running a marathon.
10. _____ I going to the party?
11. ____ it raining?
12. _____ they starting classes next semester?

Completa la siguiente conversación:

1. ¿_____ el nuevo estudiante?
2. Sí, yo _____
3. Sonia y Roberto _____ los nuevos estudiantes.
4. Laura _____ australiana.
5. Mi hermano y yo _____ de México.
6. Las chicas _____ cansadas.
7. Esas mujeres _____ muy inteligentes
8. Este te _____ delicioso.
9. Carlos y Fredy _____ corriendo una maratón.
10. ¿_____ voy a ir a la fiesta?
11. ¿_____ lloviendo?
12. ¿Ellos _____ empezando clases el próximo semestre?

LESSON 9: TO BE
LECCION 9: SER/ESTAR

HOMEWORK

Write down 10 sentences and questions using the TO BE verb.

1. _____
2. _____
3. _____
4. _____
5. _____
6. _____
7. _____
8. _____
9. _____
10. _____

TAREA

Escribe 10 oraciones y preguntas usando los verbos ser y estar:

1. _____
2. _____
3. _____
4. _____
5. _____
6. _____
7. _____
8. _____
9. _____
10. _____

LESSON 9: TO BE
LECCION 9: SER/ESTAR

English

Español

LESSON 9: TO BE
LECCION 9: SER/ESTAR

English

Español

LESSON 9: TO BE
LECCION 9: SER/ESTAR

English

Español

LESSON 9: TO BE
LECCION 9: SER/ESTAR

English

Español

LESSON 9: TO BE
LECCION 9: SER/ESTAR

English

Español

LESSON 9: TO BE
LECCION 9: SER/ESTAR

English

Español

LESSON 10: EVALUATION
LECCION 10: EVALUACIÓN

Lesson Objective

Checking our knowledge

Objetivo de la lección

Revisando nuestro conocimiento

1. Ask your partner to spell 3 words from the lessons for you. Write them down:

   a. _____
   b. _____
   c. _____
   d. _____

1. Pídele a tu compañero que deletree para ti 3 palabras de las lecciones. Escríbelas:

   a. _____
   b. _____
   c. _____
   d. _____

2. Write down at least 5 sentences that you might use in a basic conversation

   - _____
   - _____
   - _____
   - _____
   - _____

2. 2.Escribe al menos 5 oraciones que podrías usar en una conversación básica.

   - _____
   - _____
   - _____
   - _____
   - _____

3. Write down the following numbers in words:

   - 3 _____
   - 9 _____
   - 12 _____
   - 13 _____
   - 21 _____

3. Escribe en palabras los siguientes números.

   - 3 _____
   - 9 _____
   - 12 _____
   - 13 _____
   - 21 _____

LESSON 10: EVALUATION
LECCION 10: EVALUACIÓN

4. Write down the translation for the following words:

Word	Spanish
Wednesday	
Thursday	
Friday	
May	
June	
July	
August	
Yesterday	
Tomorrow	
This week	

4. Escribe la traducción de las siguientes palabras:

Palabra	Inglés
lunes	
martes	
miércoles	
August	
September	
October	
This week	
Last week	
Next week	

5. Match the body parts with their name in Spanish:

Hair	Pies
Feet	Cabello/pelo
Cheek	Boca
Shoulder	Cachetes/mejillas
Elbow	Frente
Ankle	Hombro
Forehead	Tobillo
Mouth	Codo

5. Conecta las partes del cuerpo con su respectivo nombre en inglés:

Oreja	Shoulder
Codo	Forehead
Boca	Elbow
Cuello	Ear
Frente	Mouth
Hombro	Hair
Tobillo	Wrist
Muñeca	Ankle

6. Write the feeling beside the emoticon:

6. Escribe el sentimiento al lado al emoticón:

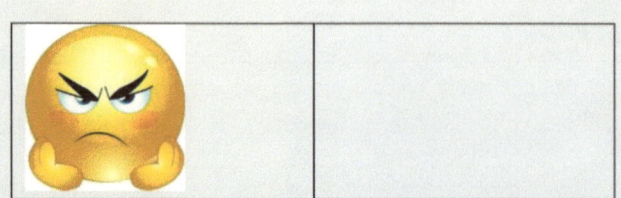

LESSON 10: EVALUATION
LECCION 10: EVALUACIÓN

7. **Translate into English:**

Rojo	
Verde	
Azul	
Negro	
Blanco	

7. **Traduce al español:**

Grey	
White	
Red	
Purple	
Brown	

LESSON 10: EVALUATION
LECCION 10: EVALUACIÓN

8. Write down the respective pronouns in Spanish:

- She _____
- He _____
- They (Sandy and Paty) _____
- We _____
- I _____

8. Escribe el respectivo pronombre en inglés:

- Yo _____
- Ellas _____
- Él _____
- Ella _____
- Ustedes _____

LESSON 10: EVALUATION
LECCION 10: EVALUACIÓN

English

Español

LESSON 10: EVALUATION
LECCION 10: EVALUACIÓN

English	Español

LESSON 10: EVALUATION
LECCION 10: EVALUACIÓN

English

Español

LESSON 10: EVALUATION
LECCION 10: EVALUACIÓN

English	Español

LESSON 10: EVALUATION
LECCION 10: EVALUACIÓN

English

Español

LESSON 10: EVALUATION
LECCION 10: EVALUACIÓN

English

Español

www.ingramcontent.com/pod-product-compliance
Lightning Source LLC
Chambersburg PA
CBHW041959150426
43194CB00002B/67